아름다운 사람들

박행일 시인 제4 창작시집

박행일 시인 제4 창작시집

아름다운 사람들

박행일 시집

차례

네 번째 시집을 내면서　　　　　　　9

1.

아름다운 사람들　　　　　　　　　12
자작나무 숲에서　　　　　　　　　13
비록 꽃동산에 꽃사슴일지라도　　　14
지구를 들고 있을 풀꽃　　　　　　15
숲속에 내 길 하나　　　　　　　　16
어머니의 손길　　　　　　　　　　17
담쟁이가 익힌 언어들　　　　　　　18
어떻게 살아오셨나요　　　　　　　19
누가 소크라테스를 죽였는가　　　　20
오래된 미래의 목소리　　　　　　　21
흔적　　　　　　　　　　　　　　　22
잣나무는 허망을 노래하지 않는다　23
매달리지 않은 종소리가 있으랴　　24
휘파람새 노래 공으로 들으랴　　　25
갈림길　　　　　　　　　　　　　　26

2.

새벽을 휘달리는 야생마　　　　　　30
어느 자연주의 시인의 시학　　　　31
유지매미의 노래를 들으며　　　　　32
계절이 지나가는 길목에서　　　　　33

상사화(相思花)의 사랑	34
보름날 보름달	35
그는 입체파 화가인가 보다	38
알바트로스 새	39
별자리들을 헤아리며	40
인연 닿는 눈물이라면	41
하이얀 물소리	42
지워지지 않는 섬 하나	43
금잔딧빛 추억들	44
가을이 지나가는 길목에서	45
훈수(訓手)	46

3.

아비뇽의 처녀들	50
내가 그리고 싶은 명화	51
아스라한 점 하나	52
그 사람 · 2	53
어느 봄날의 햇살들	54
바위로 살으리라	55
놀빛 붉은 삶을 위하여	56
달팽이 사랑의 미학	57
네 잎 클로버를 찾아	58
다알리아 꽃	59
진화론	60
서귀포 바닷가에서	61
꼭 그렇게 걸어야 하는가	62
유성(流星)빛을 바라보면서	63

별 하나 별 둘 별 셋　　　　　　　　　64

4.

그와 함께 걷는 길을 익혔다　　　　　68
봄은 겨울 다음에 찾아온다　　　　　69
가을 길을 걸으면서　　　　　　　　70
조선백자기　　　　　　　　　　　　71
해탈(解脫)　　　　　　　　　　　　72
공양(供養)　　　　　　　　　　　　73
청산되어 청산에 살래　　　　　　　74
햇살의 향연　　　　　　　　　　　75
동그라미 그리기　　　　　　　　　76
아픈 만큼 반짝일래　　　　　　　　77
가시나무새는 꼭 한 번만 운다 · 2　　78
돌 · 2　　　　　　　　　　　　　　80
겨울 나목이 되고 싶다　　　　　　　81
봄, 여름, 가을 그리고 겨울　　　　　82
행복의 거리　　　　　　　　　　　83
어머니의 강　　　　　　　　　　　84

5.

만다라 시를 아시나요　　　　　　　88
사랑의 함수관세　　　　　　　　　89
바다는 파도 춤을 춘다　　　　　　　90
모래시계　　　　　　　　　　　　91
불나방 인생　　　　　　　　　　　92
우리의 봄날은 오리라 · 2　　　　　93
901병동의 형광등　　　　　　　　94

순수시를 위하여	95
모소대나무	96
정자나무가 쓴 서정시	97
복사꽃이 아름다운 까닭은	98
세상에서 가장 슬픈 바다	99
돌주먹	100
월광 소나타	101

6.

회한이여! 다시 한 번	104
봄의 향연	105
파도야!	106
세상에서 제일 아름다운 명화	107
수평선	108
목련꽃을 처음 보았을 때	109
천 년 비자목(榧子木) 앞에서	110
조선 짚신을 바라보면서	111
돌무덤	112
누굴 위해 학익진을 익혔을까	114
누가 그토록 외롭게 했는가	115
당신을 위한 장미꽃	117
오리와 포크레인	118
파밭 타령	119
저 하늘에 별이 된다면	121

| 논단 |

| 현대시의 난해성에 대한 단상 | 122 |

네 번째 시집을 내면서

　AI 산업화 시대에 서정시집 『아름다운 사람들』을 발간함에 즈음하여 혹자는 사치스러운 일이라 할지도 모른다. 그러나 서정이 메말라 인문주의가 외면당하는 이때일수록 시인으로서 염려와 사명감과 은근한 유혹을 외면하고 싶지는 않다. 에덴동산에 무화과 나무를 심어 꽃과 열매를 기다리는 심정으로 이 시집을 펼친다.

　또한, 그간 자연과 사람으로부터 은혜 받은 무한한 감흥과 깨달음에 보은하는 심정으로 이를 엮었다. 행여 시흥에 공감하는 일면이 있다면 소중한 보람으로 간직하고자 한다.

2025. 9.

북한산 기슭 기자촌 서재에서 박행일 씀

1/부

지구가 보는 저 별 하나하나가 작고 아름답듯이
별이 보는 지구의 별들은 얼마나 작고 황홀할까.

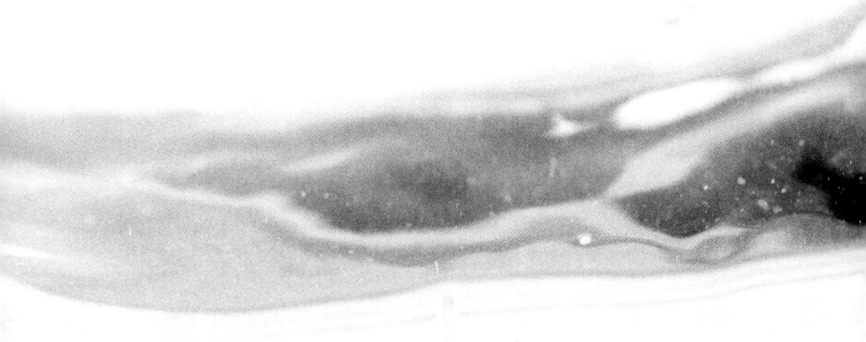

아름다운 사람들

지구가 보는 저 별 하나하나가 작고 아름답듯이
별이 보는 지구의 별들은 얼마나 작고 황홀할까

백오만 종의 모양과 색깔의 별들이
작은 생명의 빛들로
80억 흑·백·황색깔 남녀의 별들이
작은 영혼의 빛으로 살아가는 그들과 함께
십만 팔천 킬로로 숨 가쁘게 태양을 도는 지구별

지구가 보는 저 하늘 별 하나하나가 작고 아름답듯이
별이 보는 지구에 영혼들의 눈물인들 얼마나 황홀할까

자작나무 숲에서

이른 봄 자작나무 숲에서 나는 부활을 보았다
제때를 맞추어 새로이 만나는 푸른 빛들을

가을 자작나무 숲에서 나는 이별을 보았다
상처 없이 가벼이 헤어지는 붉은 빛들을

숲속에 그들이 주고받는 밀어들에서
만상이 더불어 하나 된 노래임을 들었다
맑았다 흐렸다 비가 내리다 그치면
푸른빛과 붉은빛이 한 나무에 오가며 노래함을

아! 만상의 만남과 이별과 부활이 때맞추어
한 그루의 자작나무에서 오감을 나는 보았다

비록 꽃동산에 꽃사슴일지라도

비록 꽃동산에 꽃사슴의 발걸음일지라도
어찌 한가롭게 꽃길만 늘 걸어 오가리오

비록 무늬 예쁜 꽃사슴의 발걸음일지라도
동산에 진흙 길 자갈길 만나면
다리품 없는 꽃길마냥 꽃 웃음으로 밟으리오

밝은 상현달 보름달에만 길을 걸으랴
하현달 그믐달에도 걸어야 할 동산에
표범 승냥이 곰을 만나면 뜀박질해야겠죠

꽃사슴이여! 우리 꽃동산에 꽃사슴일지라도
한 백 년 삶에 사랑의 품갚음은 해야겠죠

지구를 들고 있을 풀꽃

들녘에 핀 풀꽃이라고 함부로 하지 마오

그도 제 꿈 하나 품고
허허 들판에 엄동설한(嚴冬雪寒) 넘고 피어

제힘으로 꽃씨 맺어
대대로 이 지구를 들고 있을 풀꽃이라오

숲속에 내 길 하나

숲속에 내 길 하나 꼭 내고 싶었습니다
좀처럼 새 발걸음을 허락하지 않는 숲은
가시덩굴과 칡 덤불과 나뭇잎들이 엉켜 잡았지만
발걸음은 생채기에도 굴하지 않았습니다

내가 새 길 하나를 한사코 고집하는 까닭은
깊은 사색의 길을 꼭 갖고 싶었기 때문입니다
찬 눈비에도 한사코 밟아온 발자국에
숲은 시나브로 길을 내어주기 시작했습니다

어느 날 돌아보니, 길 하나가 오롯했습니다
지금은 노오란 길 하나를 허락받은 숲에는
햇살들이 또 다른 발걸음들을 즐겨 안내합니다

어머니의 손길

북한산 향로봉을 찾아 산길 따라 오르면
쉼터에 봄볕이 어머니의 손길처럼 따스하다
제 길을 따라 올올이 내리는 저 햇살들이
나뭇가지마다 실실이 찾아들어
뿌리까지 이르는 저 하이얀 젖줄이
당신의 마음결임을 예전에 생각하지 못했습니다
봄볕의 따스함을 헤아리고서야 깨단했습니다
저 찬란한 스펙트럼의 빛살들이
내가 애타게 그리워하는 당신의 그 손길임을

담쟁이가 익힌 언어들

담쟁이는 그런 언어가 있는 줄을 몰랐다
벽을 타지 않았다면 영원히 몰랐을 언어들
절벽에 그런 언어들이 있는 줄 꿈에도 몰랐다
평지의 여백에만 취해 있었다면
아니, 잡초들의 유혹을 뿌리치지 않았다면
다닥다닥 덩굴손의 뼈마디 아픔이 없었다면
벽 넘어 언어들을 어찌 알 수 있었으랴
가파른 절벽을 타고넘는 게 어찌 담쟁이뿐이랴
세찬 비바람에 뿌리까지 흔들리고서야
담쟁이덩굴은 하나둘
절벽이 주는 언어의 의미들을 온몸에 새겼다

어떻게 살아오셨나요

그 험난한 인생 고갯마루들을 어찌 넘어오셨나요
글쎄요. 봄 햇살에는 새잎들 돋아 꽃을 피우고
여름이면 땡볕에 녹음 짙게 그늘 드리우다가
가을이면 색색의 단풍잎 물들어 열매들 영글고
겨울이면 백설에 고독의 나목 같은 철인이 되어
때를 따라 피고 지고 맺고 거두면서
봄 여름 가을 그리고 겨울
인생 고갯마루들 그네뛰기 놀이하듯 넘어왔지요

누가 소크라테스를 죽였는가

자갈밭에 몸을 굴리는 조약돌들의 소리
뾰족한 모진 모서리를 깎아내는 파도 소리들

굴렁쇠를 굴려야 멋스런 제 문양들이 핀다고
일찍 물결에 일렁거리는 모오리돌들의 이야기

누가 소크라테스를 죽였는가?
바닷가 하얀 파도들의 교향곡 같은 곡소리들

아! 산다는 것은 제 몸을 깎아 그리는 무늬에
쏴~ 쏴~ 바다를 굴리는 파도들의 아우성들

오래된 미래의 목소리

일찍 교목(喬木)의 푸른 목소리를 헤아리지 못했다
우연히 태풍에 뽑혀 널브러진 뿌리들에서
오묘한 수직과 평행의 오래된 미래[1]의 목소리로
거센 바람 앞에 맞서 얼마나 몸부림쳤는지
대대로 뿌리내려 하늘을 우러러보고
아픈 옹이들을 온몸에 무수히 박아가며
왜 하늘에 층층이 사방 푸른 잎과 가지들을 뻗어
깜냥껏 그늘지어 꽃 피우고 열매 맺으려고
그렇게 소리 없는 목소리로 아우성쳐 왔는지를
나는 그들에게서 오롯이 보고 들었다.
아버지 아버지들의 오래된 미래의 목소리들을

---

[1] 『오래된 미래』: 스웨덴의 환경 운동가 헬레나 노르베리 호지의 저서명, 오래 되었지만, 미래를 밝혀주는 지혜란 의미.

흔적

만약 천 년 후에 당신의 흔적이 하나라도 발견된다면
다들 신비로운 의문의 눈빛으로 그를 바라볼 게다
천 년 전 그림자들을 쫓아 세밀히 탐색하며
어느 때 어느 곳에 무엇을 하던 그림자인가 그의 생은…
고고학자는 진실을 찾아 골몰하다가 감식을 의뢰할 게다
그의 인동초 같은 삶의 이야기들은 전혀 알지를 못하고
그 숱한 감성의 소용돌이도 끝내 하나도 찾아내지 못한 채
천 년 전 삶의 흔적이란 결론을 내릴지도 모른다
그때도 바람은 쉼 없이 들꽃들을 흔들며 지나갈 게다

잣나무는 허망을 노래하지 않는다

잣나무 숲 그늘 아래에서 그들을 바라보노라면
저들도 마지막 죽음의 문턱을 넘을 때
오직 보듬어 갖고 가는 것은
잎 한 조각 작은 씨알 한 톨도 없지만
싹 틔우고 싶은 꿈의 씨앗들은 많은지라
겨우내 찬 눈바람에 뿌리까지 시리고 아팠어도
산기슭에 신록의 빛 결의가 오롯하기에
사철 늘 청청한 푸른 빛 삶의 행진곡을 부르는
저 잣나무는 결코 절망과 허망을 노래하지 않으리

매달리지 않은 종소리가 있으랴

바람이 분다. 연붉은 초롱꽃잎에 봄비가 구른다
꽃대 잡고 애처로이 흔들리는 초롱꽃 봉오리들

허허한 들녘에 가는 종탑을 곧게 세워 들고
허공에 울리는 소리 없는 초롱꽃 종소리들

매달리지 않고 피는 들꽃이 있으랴
매달리지 않고 맺는 열매가 있으랴
매달리지 않고 울리는 종소리가 있으랴

아! 대지에 울리는 숱한 삶의 소리들이
매달려 울리는 저 초롱꽃 종소리들인 것을

휘파람새 노래 공으로 들으랴

꽃도 열매도 없는 황량한 붉은 민둥산에
어느 휘파람새가 찾아와 목청껏 노래하랴

뫼꽃 들꽃 꽃잎들이 피어올라야
벌 나비 새들도 꽃향기 쫓아 날아 오가겠지

숲이 없는 민둥산에 어느 새가 둥지를 틀랴
그곳에서 방울새 비비새 종달새인들 노래 부르랴

꽃향기에 취해 동산을 찾는 휘파람새의 노래
아름다운 그 노랫소리를 차마 공으로 들으랴

갈림길

나는 삶의 외길을 걷다가 갈림길을 만날 때면 한참을 망설댄다.

오직 제 길 하나를 선택하길 강요하는 갈림길들이 유혹의 눈빛으로 한 길만 걷기를 재촉한다. 모든 길을 다 걸어볼 수 없는 숙명 앞에, 나는 어느 길이 다래 넝쿨 꽃과 금잔화가 핀 길인지, 아니면 어두운 골짝 길 가시밭길인지 알 수 없어 안타깝게 한참을 망설댄다. 갈림길이 사람의 운명을 가른다는 것쯤을 수없이 경험한 나는 끝내 선택하지 않은 길에 미련과 아쉬움을 뒤로한 채, 내가 즐겨 선택한 외길을 따라 발걸음을 재촉한다.

오늘도 갈림길에서 내가 선택한 길에 무한 애정을 쏟으며 무지갯빛 길을 걸어간다.

저 잣나무는 결코 절망과 허망을 노래하지 않으리
사철 늘 청청한 푸른 빛 삶의 행진곡을 부르는
산기슭에 신록의 빛 결의가 오롯하기에
겨우내 찬 눈바람에 뿌리까지 시리고 아팠어도

2/부

이 세상을

어떻게 살고 싶었느냐고 물으면

청산에 시인이길 원했다 하리.

새벽을 휘달리는 야생마

저 푸른 초원을 휘달리는 내 젊은 야생마야!
새벽바람 싱싱 가르는 내 청춘의 말발굽들아!

푸른 언덕 청파(靑坡)에 별빛들 총총 밟으며
검푸른 말갈기 올올이 질주하는 하얀 입김들

고삐 잡힌 재갈에 채찍들이랑 거부한 채
거추장스럽게 장식한 명품 안장 따윈 싫다
좁은 마구간에 조랑말 꼴은 더더욱 싫다

용광로 같은 내 젊은 영혼의 심장아!
샛별 쫓아 콧노래 부르며 초원을 달리자
푸른 광야를 휘달리는 내 청춘의 야생마야!

어느 자연주의 시인의 시학

이 세상을 어떻게 살고 싶었느냐고 물으면
청산에 시인이길 원했다 하리
푸른 시어들의 옹알거림을 프롤로그로 삼아
꽃과 숲과 벌과 나비와 해와 달과 별들…
물상들의 은밀한 밀어들까지
예찬해 온 내 청산곡에 시편들은
밤을 지나 아침 환한 동살[1]까지 노래하리
한낮의 노동을 끝낸 놀빛이 쓰는 서사시까지
예찬하리. 청산별곡을 읊조리는 시인으로
자연주의 시학은 내 영원한 삶의 에필로그임을

---

1) 동살 : 새벽에 동이 트면서 환히 비치는 햇살

유지매미의 노래를 들으며

한여름 뙤약볕에 유지매미의 사랑곡을 들으면
나뭇가지에서 목청 찢어지랑 부르는 저 매미처럼
사랑의 랩소디[1] 뜨겁게 부르고 싶으라
꼭 한번 부르고 싶은 내 광시곡(狂詩曲)[2]
저 온몸 떨림 없이 어찌 참사랑의 노래가 되랴
거짓부렁이 껍데기 곡일랑 훌훌 벗어던지고
저 유지매미의 목청 찢는 환상의 떨림 곡으로
참사랑의 랩소디 활활 불타게 부르고 부르다가
한여름 뙤약볕에 빈 껍데기만 뚝 떨어지고 싶으라

---

1) 랩소디(rhapsody) : 광시곡(狂詩曲)
2) 광시곡 : 서사적인 느낌을 가진 비교적 자유로운 형식의 기악곡

계절이 지나가는 길목에서

계절의 길목들을 당신과 함께 넘어오가다 보니
싹이 돋아 꽃이 피고, 새 소리가 숲길을 덮고
땡볕에 그늘을 활짝 드리우는 신록에서
영그는 결실에 붉은 가을빛 길목들을 넘어
겨우내 백설의 고독 속에 살아온 나목들처럼
숨 가쁜 걸음들이 때때로 고통스러웠다고 해도
봄 여름 가을 그리고 겨울의 길목들이
오롯했기에 내 삶의 계절이 풍요로웠다고…

상사화(相思花)의 사랑

한 몸이면서 늘 꽃은 잎을 못 보고
잎은 꽃을 보지 못하는
상사화의 안타까운 사랑 이야기를 아시나요

꽃이면서 제 꽃향기를 한껏 피우지 못하는
자주색 꽃잎에 연붉은 꽃술을 보셨나요

이 세상에서는 절대로 이룰 수 없다는
저 상사화의 아픈 꽃말을 들으셨나요

아! 꽃과 잎같이 사랑 주고 받지 못하는
상사화의 사랑이 우리네 사랑 아닌가요

보름날 보름달

1
전라도에 스무 살 청년과 갓 결혼한 열아홉 살 새악시
6·25 전쟁은 여섯 달 만에 생이별을 시켰답니다
낭군 소식 끊겨 전사한 줄 알고 눈물로 올려온 제사상

2
70년 만에 금강산에서 낭군과 이산가족으로 상봉했다죠
한 맺힌 피눈물이 낮과 밤 그칠 줄을 몰랐는데
그 눈물 다 쏟기도 전 사흘 만에 헤어지라는 생이별에
남편은 늑대처럼 울고 아내는 여우처럼 울었다죠

3
'우리 보름날 보름달을 임 보듯 보세' 언약 하나 보듬고
서러운 눈물 서로 달래며 헤어졌다죠
그리움이 둥근 사리가 된 보름날 보름달이 떠 오르면
"계수나무 한 나무 토끼 한 마리"
「반달」 노래 읊조리면 달빛이 어깨에 출렁인다지요

4
행여나 집 못 찾아올까 오동나무 키운 앞마당에서
70년 긴긴 세월 학처럼 목 빠지게 수절해 온 시간
부부가 사랑하는 일도 죄인인 양 천하에 없는 법을
무엇이 무서워 누가 만든 악법이냐고 울부짖는다지요

5
지금은 여든하고도 숨찬 여든 해
다달이 그리움에 하얀 보름달 눈시울이 팽팽해지면
"돛대도 아니 달고 삿대도 없이"
오늘도 눈물방울에 낭군님 하얀 얼굴 아롱다롱 한다죠

6
행여, 백두산에 오르면 다시 만나볼 수 있을까
여든 살 끝자락 잡고 숨 헐떡이며 천지봉에 올랐더니
낭군님 사는 곳은 달무리 물안개로 자욱이 아득해
아픈 버선발에 눈물 흠뻑 밟으며 끝내 하산했다죠

7
"여보! 저 보름달 달무리 당신도 지금 보고 있나요?"
차라리, 새 깃이 되어 날고 싶어, 어깨 물결 출렁이다가
오늘도 새악시는 긴긴밤을 보름달과 함께 잠든다죠

*시작 노트 : 잊고 사는 분단이 아직도 참 아프다. 아! 현재 진행형인 그 눈물자국에 어쩐지 죄스러움이 서려 이 시를 읊조린다.

그는 입체파 화가인가 보다

그는 처음 꽃잎 그리기에도 바쁜 낭만파 화가였다
지금은 꽃 속을 헤집어 상처 찾아 세밀히 그린다
예전엔 앞면 평면만 어림잡아 그리더니
붓질이 익을수록 속 내밀히 알뜰히도 그리네
원색의 빛깔은 간곳없고 섞은 회색빛 그림자 쫓아
주름살에 미운 속살까지 찾아 덧칠하더니
이즈음 콕콕 찍는 화판에 붓질이 피카소를 닮았다
아! 그는 입체파 큐비즘 화가로 변신 중인가 보다

알바트로스[1] 새

푸른 언덕(靑坡)에 둥지를 튼 알바트로스 새
지상에서 가장 높이 멀리 날고 싶은 그대 날개깃
그 꿈의 깃이 너무 넓고 큰 탓이었든가
철없는 이들이 가끔 떼를 쓰고 팔매질 해도
날개깃 아프고 힘들다고 말하지 않고
제 둥지 늘 굳건히 지켜온 알바트로스 새여!

거센 태풍이 몰아쳐도 피할 생각하지 않고
큰 날개깃을 활짝 펴 더 높이 활공하며
제 꿈을 좇아 비행하는 검은 눈썹의 알바트로스
언제나 더 높이 더 멀리 날고 싶은 그대 날개깃
그 깃이 유달리 사랑스럽고 자랑스러운
순애보(純愛譜) 알바트로스 새의 춤사위여!

---

1) 알바트로스 : 남아프리카 오세아니아(뉴질랜드)에 사는 새로 날개 3.15M 몸무게 7kg, 6일 동안 한 번의 날갯짓으로 계속 날 수 있다. 두 달 정도면 지구를 반 바퀴 돌 수 있다는 새. 이 지구에서 가장 높이 가장 멀리 나는 새. 나는 알바트로스 새의 비상에서 한 여인의 꿈의 춤사위를 보았다.

별자리들을 헤아리며

손녀가 밤하늘에 별자리들을 헤아리다가
묻는다.
"할아버진 왜 주름살이 그리 많아?"
"글쎄다. 삶에 숱한 별들이 오고간 자리란다."
별 하나 별 둘 별 셋…
"별들이 참 많지."
별을 헤아리는 이는 착한 하늘이래.
밤하늘 반짝이는 별자리를 천천히 헤아린다.

인연 닿는 눈물이라면

저 심산계곡에 샘물들이 푸른 냇물을 이루고
강물들이 심해선에 하얀 파도로 철썩이다가
인연 닿는 눈물이라면
끝내 아지랑이를 따라 하늘길을 오르리

진정 뜨거운 인연 닿는 눈물방울이라면
이별과 만남의 빗방울로 억겁 돌고 돌아와
언젠가 심산의 옹달샘에 샘물로 아니 만나리

비록 빗방울이 풀잎에 이슬방울로 구르거나
아니면, 냇물 강물 바닷물로 흘러가더라도
인연 닿는 눈물방울이라면
먹구름이 될지언정 영원한 이별은 만들지 않으리

하이얀 물소리

동짓달 달빛에 첫닭이 우는 새벽녘이면
찬바람에 뽀오얀 창문을 열던 어머니!

항아리 살얼음에 반백 올올이 감으면
새벽기도에 하이얀 살얼음 소리가 났다

산 꿩도 고이 잠든 새벽녘에 찾은 산사(山寺)
십자성 전선의 달빛에 피붙이 생각으로
무아(無我) 속 무릎 굽혀 올린 삼천 배 기도

어머님! 떠나신 지 수삼 년 넘은 항아리엔
아직도 흰 물소리 달빛에 서럽게 반짝인다

지워지지 않는 섬 하나

내 푸른 바다는 늘 섬 하나를 품고 산다

파도 위에 한 마리의 새하얀 바닷새처럼
거친 바닷바람에 가뭇없이 사라졌다가
에메랄드빛 따라 살짝 솟는 파아란 섬

먼 수평선 물안개에 보일 듯 말 듯
긴 여정의 물결에 휩싸여 뒤척이다가
무시로 찾아와 가슴 아리게 하는 그리움

풍랑에 지워졌다가 다시 치솟아 올라
그 옛날 첫사랑의 이름표 달고
푸른 바다 외진 가슴을 오가는 그 섬

아! 심해에 지워지지 않는 섬 하나 산다

금잔딧빛 추억들

그때는 왜 몰랐을까? 그때는
함께 한 시간 황홀한 무지갯빛의 꿈들이
금잔딧빛 서러움으로 남을 줄을
긴 여정의 발걸음들이 옛 그리움을 밟을수록
그림자로 따라와 저리도록 아프게 할 줄을
백사장에 갈매기와 가지런히 밟던 발자국들
찻잔에 속삭인 그 은밀한 언어들이
가슴결에 몰려와 겹겹 시리고 아프게 할 줄을
그때는 왜 몰랐을까?
금잔딧빛 추억이 가슴에 이리 긴
서사시를 쓰고 있을 줄을

가을이 지나가는 길목에서

늦가을에 오가는 변덕스러운 소슬바람에
우수수 날으는 저 이름 모를 가랑잎들

지난한 한여름 뙤약볕에 상처 입은 잎들이
오랜 방황 속 애증의 그림자들을 굴린다

아! 에덴동산에 무화과를 딴 죄목마냥
사라져 가는 가을빛의 시를 읊는 낙엽들

마지막 그 아픈 빛깔들의 가벼운 춤사위가
봄날의 꽃잎보다 더 아름다운 몸짓임을

훈수(訓手)

바둑을 둔다. 인생 바둑돌을 하나둘 놓는다.
한 번 둔 돌은 절대로 물릴 수 없는 바둑판
앞뒤 수를 잘 헤아리고 살펴 돌을 놓게나

훈수를 둔다. 경우의 수도 미리 셈하게나
한두 수의 앞도 못 내다보면서
인생 바둑돌을 잘 놓는다고 어찌 말하랴

조급히 이기는 수에 너무 집착하지 말게나
때론 지는 수가 아름다울 때도 있네
해도 달도 서산에 지는 바둑을 둔다네

상수가 아니면 차수 차차수라도 놓게나
제발 헛수나 악수는 두지 말게나
벌써, 해가 서산에 걸터앉으려 하네그려

끝내 돌 하나도 갖고 갈 수는 없는 인생사
여보게! 바둑돌 잘 놓게나. 바둑 잘 두게나

언젠가 심산의 옹달샘에 샘물로 아니 만나리
이별과 만남의 빗방울로 억겁 돌고 돌아와
진정 뜨거운 인연 닿는 눈물방울이라면

3/부

그는 시공을 초월한 초절자인가 보다

반세기 내 가슴을 묶어놓은 인연의 끈.

아비뇽의 처녀들

피카소의 명화 『아비뇽의 처녀들』을 보셨나요
모방과 창조의 꽃이 어떻게 달리 피어나는가를
고속열차 창가에 앉은 여인들의 얼굴 같은
화폭 속에 다섯의 처녀들
눈 코는 좌우, 입은 비탈진 외길로
무도회에 광란의 춤을 추는 여인들의 몸짓으로
처음 아프리카의 원시 탈에서 비롯하여
세잔의 '목욕하는 사람들'로 영감을 얻어
팔백 번 화폭을 고쳐 다시 그린 고뇌의 시간이
끝내 입체주의를 완성했다는 그 화폭을
아! 모방이 어떻게 창조의 명화로 꽃 피나요

내가 그리고 싶은 명화

당신의 화사한 그 웃음은
    한 폭의 명화(名畵)입니다

하얀 함박눈에 노랗게 피는
    복수(福壽)꽃 같은 그 미소

한평생 내 삶의 화폭에
    담아두고 싶은 그 웃음결

내 영원토록 그리고 그리며
    살고 싶은 명화(名畵)입니다

아스라한 점 하나

하늘과 바다가 맞닿은 먼 수평선도
내 동그란 눈사리 안에 들면 점 하나

하늘과 광야가 맞닿은 먼 지평선도
내 가슴에 품으면 자그마한 점 하나

살짝 머물다가 사라지는 물안개마냥
수시로 왔다 가뭇없이 떠나는 그리움들

마음 결결을 쫓아 때때로 살짝이 오가는
아! 심안에 아스라한 점이 된 그 사람

그 사람 · 2

그는 시공을 초월한 초절자인가 보다
반세기 내 가슴을 묶어놓은 인연의 끈

온밤 나 홀로 하얗게 지새우면서
당신의 별들을 헤아리게 하는 그 얼굴

그리움 깊게 동여맨 긴 인연의 줄은
아마도 삭을 줄 모르는 강철인가 보다

황량한 심해를 헤매며 한세월 건너왔어도
사랑의 끈을 끊을 줄 모르는 그 마음결

아! 그 사람은, 그 사람은
시공을 초월한 사랑의 초절자인가 보다

어느 봄날의 햇살들

어느 봄날 암 병동에 병문안 갔을 때
푹 패인 눈은 목련꽃을 바라보고 섰다

봄 햇살에 화사하게 핀 정원에 꽃잎들
한 잎, 두 잎 바람에 떨어져 날릴 때
빛바랜 해쓱한 미소가 묻는다

내년 이맘때에도
저 목련꽃잎을 볼 수 있겠느냐고
오늘 하루가 얼마나
황홀한 날인가를 묻는 봄날의 햇살들

바위로 살으리라

이왕 살기로 다짐했으면
큰 바위로 살아라

살아오면서 듣고 들어온
당신께서 하신 그 말씀

오늘도 그리 살려고
큰 바위에 새김질합니다

놀빛 붉은 삶을 위하여

한때는 당신과 더불어
장미꽃 정원을 가꾸며 붉게 살고 싶었습니다

그때는 오직 당신을 위해 정성껏 가꿔온
붉은 영혼의 장미꽃 밭을 다 바치고 싶었습니다

수시로 잡초들이 솟고 따가운 땡볕들이 쪼여
꽃잎들이 숨막혀오는 순간을 맞기도 했습니다

때로는 비바람으로 외로운 가시들의 몸짓에
꽃잎들이 상처 입는 시간도 꽤 많았습니다

허나, 장미밭 꽃잎들을 함께 가꿔온 손길에
놀빛 붉은 꽃 향기로 곱게 필 수 있었습니다

달팽이 사랑의 미학

느리게 오르내리는 달팽이의 저 걸음에
하늘도 땅도 바다도 끝없이 아득하다

천천히 더듬어 보아야 잘 보인다는 듯
가까이서 살펴야 더 애정이 간다는 듯이

초고속에 깊이 취한 잰걸음들이
쉬이 뜨겁고 빨리 식어버리는 눈빛들이 알랴
성급한 삶과 사랑이 얼마나 깊고 뜨거웠으랴

급함이 무디고 굼뜬 삶과 사랑의 미학을
어찌 알겠느냐며 달팽이는 세월을 애무한다.

네 잎 클로버를 찾아

행운의 네 잎 클로버 한두 잎을 찾아서
온종일 행복의 세 잎 클로버밭을 헤맨다

짓밟혀 멍이 들어버린 세 잎 클로버잎들
아! 삶의 클로버밭이 참 고달프고 아프다

다알리아 꽃

영국의 한 고고학자가 피라미드를 탐사하다가
2천여 년 어두운 무덤 속에서
한 여인의 미라가 잡은 꽃에 까만 꽃씨를 받아
스웨덴 식물학자 다알의 손을 빌려
떨리는 두 손으로 화분에 꽃씨 심어놓자
아! 2천여 년 생명을 일깨운 다알리아 꽃!

제 꽃을 사랑할 줄 모르면 꽃이 아니라고
늘 내 가슴 깊이 심어놓은 어머니의 꽃말처럼
꿈자락에 찾아와 파르르 떨고 떨어 핀
어머니의 다알리아 꽃 한 송이!
아! 당신의 꽃은 오늘도 이렇게 피었습니다

*시작노트 : 영국의 고고학자가 2천 년 된 이집트 피라미드를 찾아 연구하던 중 한 여인 미라를 발견했다. 그녀의 손에 꼭 쥔 꽃에서 꽃씨를 받아 스웨덴 식물학자 '다알'의 도움을 얻어 2천 년 만에 다시 꽃이 피게 되었다. 그에 다알리아꽃이란 이름이 붙여졌다. 나는 생명의 외경에 경탄했다. 그리고 물었다. 아! 나는 이 생명을 어떻게 얼마동안 부여잡고 갈 것인가?

진화론

세상살이 하루가 다르게 진화하고 있습니다
이젠 다윈의 진화론을 고쳐 써야겠습니다
예전에는 살기 위해 흰소리를 가끔 했는데
요즘은 가진 자들의 새빨간 소리가 더 많다지요
한때는 굶어서 다들 염치가 없다고 했는데
지금은 배가 부른 자들일수록 몰염치 한다지요
요즘은 사람의 자리에 AI들이 휘젓고 있습니다
사람의 세상인지 AI의 세상인지 혼란스럽습니다
옛날에는 어디서나 밤하늘 별들이 반짝였는데
지금은 회색빛 하늘에는 별 보기가 참 어렵다죠
다윈의 진화론을 고쳐 써야 할 딱한 형편입니다

서귀포 바닷가에서

백사장에 밀려오는 하얀 물결들의 걸음으로
우린 서귀포 쇠깍정 바닷가를 쏴~쏴~ 걸었다.

젊은 서핑보드는 거친 파도에 넘어지자
오뚝이처럼 일어나 파도 등을 타기 바빴다

바위에 부딪혀 하얗게 부서지는 물거품들
바람에 맞서 비상하는 갈매기의 흰 날개깃들

우리는 바닷가 야자수 그늘 벤치에 앉아
눈 이야기 나누며 서로를 바라보다가

바람에 흩날리는 귀밑의 하얀 머리카락에
먼 수평선을 응시하며 오래도록 침묵했다

꼭 그렇게 걸어야 하는가

앞산에 소나무 한 그루 심어 놓고
그 삶을 다 보지 못할 짧은 인생 길인데
어영부영[1] 꼭 그렇게 걸어야 하는가

비자목 한 그루가 천년 세월을 살아간다는데
그 삶을 다 보지 못할 짧은 인생 길인데
건둥건둥[2] 꼭 그렇게 걸어야 하는가

사막에 바오바오가 6천 년을 살아간다는데
한백 년 짧은 그늘 길을 걸으면서 꼭 그렇게
핀들핀들[3] 걸음걸음 걸어야 하는가

앞 뜰에 은행나무 한 그루 심어 놓고
그 삶도 다 보지도 못할 짧은 인생길인데
꼭 그렇게 생각 없는 걸음을 걸어야 하는가

---

1) 어영부영 : 별생각 없이 일이 되어 가는 대로 행동하는 모양
    - 생각은 않고 어영부영 세월만 보내다.

2) 건둥건둥 : 일을 꼼꼼히 하지 않고 대충대충 빠르게 해치움
    - 건성건성

3) 핀들핀들 : 보기에도 얄밉도록 뻔뻔하게 게으름만 부리는 모양

유성(流星)빛을 바라보면서

밤하늘 산기슭에 흐르는 하얀빛 한 줄기
추억에 밑줄 그으며 과녁을 쫓는 유성빛

그때는 만나면 언제나 별빛이 반짝였다
지금도 가슴에 흐르는
이루지 못했기에 안타깝고 아쉬운 별빛

말없이 주고받으며 반짝인 그 눈부처에
오고간 우리들의 애틋한 눈빛의 언어들

찬란한 한 줄기 추억의 그리운 그림자가
저토록 황홀한, 지워지지 않는 유성빛임을

별 하나 별 둘 별 셋

어느 날 한가로이
다섯 살배기 손녀와 창가에 앉아
밤하늘 달빛에 별들을 헤아린다

"저 큰 별은 할아버지 별 해
조 작은 별은 내 별 할게."

"할머니도 별 하나 드리고
아빠 별, 엄마 별, 조건 오빠 줄래."

아차! 한평생 하늘을 우러러보았어도
별 하나 나눠 줄 생각을 못했네 그려

문학은 우리의 고통을

위로해 주기도 하고

삶을 윤택하게도 해 준다.

문학을 택한 작가는 그래서 행복하다.

4/부

살다 보니,
이제야 그제야 깨단했다.
곁에 없어도
함께 걸어가는 길을 알았다.

그와 함께 걷는 길을 익혔다

살다 보니, 이제야 그제야 깨단했다
곁에 없어도 함께 걸어가는 길을 알았다

꽃은 꽃잎 속에 꽃술을 늘 안고 살고
하늘은 해와 달과 별들을 품고 살듯이

그를 가슴에 품고 함께 하는 시간 동안에
이별 없이 주고받는 언어들을 이젠 익혔다

살다 보니 이제야 그제야 해와 달과 별처럼
혼자서도 그와 함께 하는 길을 익혔다

봄은 겨울 다음에 찾아온다

계절의 봄날은 그저 오지 않는다
겨울 지나서 온다. 겨울을 넘어서 온다

봄은 꽃을 피운다. 꼭 용사들의 웃음 같은
봄 여름 그리고 가을이 온다

가을의 결실은 그저 오지 않는다
한여름 뙤약볕 장마 넘어온다. 가을은
언제까지나 열매를 매달지 않는다

겨우내 넘은 후 또다시 봄꽃은 핀다
인생의 봄날은 겨울 다음에 찾아든다

가을 길을 걸으면서

하나둘 날으는 듯 발걸음 밟으며 내리는
저 노오란 은행잎들의 몸짓으로
조용히 가을을 함께 밟으며 걷고 싶다

한 폭의 수채화로 곱다라지게 물들여져
색색이 화폭 속에 속삭이는 저 밀어들로
그와 함께 가을 하늘에 서정시를 쓰고 싶다

놀빛 붉게 물들어가는 서녘 바다를 바라보면서
못다한 인생 이야기들을 조용히 읊조리며
긴 인연에 감사하는 가을 기도문을 외고 싶다

조선백자기

다소곳이 앉은 백자가 은은히 정겹다
수 세월을 지탱해 온 백의(白衣)의 자태가
시간의 무게에 잔주름이 늘었던가
바람이 너무 벅찼던가 강물이 흐른다
잔물결을 닦고 닦으면
엄연히 순백을 자랑하는 조선백자건만
처음만 하랴마는
하얀 살결 그리움을 잃지 않는 백자기
퇴원하여 돌아온 반백인 조선의 아내가
백자기를 보듬고 잔주름 결결을 닦는다
주름진 하얀 손결에 안긴 백자기
결결의 무늬가 세월에 서럽도록 은은하다

해탈(解脫)

갑자기 전류가 뚝 끊어진 컴퓨터
한순간에 모두가 날아가 버린 창
아이콘도 쉼표 물음표 느낌표 마침표도
찾을 길 없는 캄캄한 빈방
지난날 악착스럽게 걸어온 행간의 자취들
문자도 숫자도 걸머질 기억도 없이
캄캄한 화장장을 거쳐 나와
항아리에 담긴 흰 구름 같은 것
바닷바람에 흩뿌려 날려 보내는 그림자들
전류가 뚝 끊어진 컴퓨터마냥
저장할 곳도 기억할 아이콘도 없는
바람도 구름도 눈비도 없는 청잣빛 하늘

공양(供養)

연꽃잎이 방글방글 웃는 산사(山寺)
연못가 뛰노는 동자들의 웃음소리

대웅전에서 굽어보고 빙그레 피는 웃음
석가모니불의 연꽃 미소

아! 나는 언제 동자들의 웃음 공양으로
부처님의 연꽃 미소 활짝 피게 할꼬

청산되어 청산에 살래

내 영혼 뫼가 좋아 뫼 그림자 속에
산바람 물소리 벗을 삼아 청산에 살으리

청산에 터를 잡아 둥지 틀고 살다 보면
숲속에 절로 산새 되어 청산곡을 부를래

회색빛 하늘 아래에 허둥지둥 살다가
별들의 노래 다 잊을까 두려울세라

청산이 먼 곳이던가! 청산에 청산을 품고
한 백 년 시나브로 청산곡 불러 청산 될래

햇살의 향연

제 알몸 촉촉이 푸른 초원을 애무해 주듯
온 들녘을 흠뻑 적셔 주는 저 봄비처럼
메마른 가슴들을 적셔 줄 수만 있다면

오늘도 내일도 모레도 글피도
제 향으로 광야를 향기롭게 하는 들꽃처럼
부끄러움 없는 꽃향을 피울 수만 있다면

사랑의 빛을 갈망하는 생명들에게
쉼 없이 황금빛을 나누어 주는 햇살처럼
내 마음 햇살의 향연을 베풀 수만 있다면

동그라미 그리기

한평생 모서리 깎고 깎여나가는 몽당연필로
지평선 수평선에 동그라미 그리며 살고 싶다

하이얀 보름달 달빛에
파도 소리 따라 모서리 깎는 자갈밭 몽돌마냥

무지갯빛 꿈에 무늬가 반들반들 빛날 때까지
동글동글 예쁜 동그라미를 그리며 살고 싶다

아픈 만큼 반짝일래

반딧불이 밤 비행하는 호숫가에 앉으면
고운 마음결 불빛 반짝이며 비행하고 싶다

어둠 속에 검푸른 지난날 추억의 시간을 넘어
청사초롱 등불을 켜고 반짝이는 개똥벌레들

그때는 왜 그랬을까? 왜 그랬을꼬?
지난 삶의 허물들 벗고 반딧불이로 날고 싶다

오늘은 청사초롱 등불 들고 호숫가를 돌며
그리움에 회개의 불빛을 밝혀
아픔만큼 반짝이는 내 반딧불이의 연정(戀情)

가시나무새는 꼭 한 번만 운다 · 2
- 나라사랑문학회 동작동 국립묘지를 찾아

국립묘지에 태극기 깃발이 고이 고개 숙이자
이랑이랑 묵도(黙禱)하는 저 나팔소리
제 큰 가슴 찔러 붉은 피 흘리며
꼭 한 번만 우는 이 땅에 자랑스런 가시나무새[1]로
나라 사랑에 피눈물 스스럼없이 뿌린
불멸의 용사여, 지사여, 열사여, 유공자의 넋이시여!

방방곳곳 임들의 피로 지켜온 애정 어린 이 땅에
'어디 사람 없소'
대낮에 디오게네스의 등불[2] 들고 참 사람을 찾아온
아들딸 소년소녀들의 애틋한 기도 소리에
하늘도 하얀 햇살꽃으로 화답하듯 헌화(獻花)하는
이 땅에 자랑찬 가시나무새들의 둥지여!

―――――――

1) 가시나무새 : 가시나무에 제 가슴을 찔러 단 한 번만 붉은 피를 흘리며 참 노래를 부른다는 새

2) 디오게네스의 등불-희랍의 철학자 디오게네스가 대낮에 등불을 들고 참 사람을 찾았다는 데에서 유래

진혼곡 나팔 소리에 태극기들 함께 묵도 올리오니
자랑스러운 애국애족의 불사조로
영원토록 조국의 영광 누리소서! 편히 잠드소서
불멸의 용사여, 지사여, 열사여, 유공자의 넋이시여!

돌 · 2

돌이 웃는다
귀 잘려서도 웃고
코 뭉개지고도 웃는다
부러진 목 붙여놓고 웃는다
웃지 않는 나를 보고 웃는다

돌은 세상을 보고 웃고
세상은 돌을 보고 웃는다
바다를 웃고 있다
천 년을 웃는다

겨울 나목이 되고 싶다

저 숲에 발가벗은 겨울 나목에 입 맞추고 싶다
봄 여름 소용돌이친 푸른 감성들이랑 다 벗고
빨갛게 물든 가을빛 서정들도 떠나보낸 후
겨우내 알몸이 부끄럽지 않은 차가운 백설이
힘들다고 말하지 않으리. 진정 참인지 모를 것을
헛된 유희 놀이마당에서 마냥 춤추고 싶지 않다
감정 소비를 끝낸 화살들이 과녁을 찾아가듯
이제는 함박눈에 덮인 겨울 나목이 되고 싶다

봄, 여름, 가을 그리고 겨울

살다 보면 맞닿아야 할 계절의 길목들
걸어야 할 운명의 갈림길에서
서로 부딪치다 걷고 뛰어온 숱한 걸음들
어느 계절인들 삶 아닌 계절이 있으랴
봄, 여름, 가을 그리고 겨울
때마다 또 다른 새로운 낯선 삶들이었지만
망설이지 않고 흥겹게 노래하리
봄, 여름, 가을 그리고 겨울의 삶이 있었기에
내 인생의 계절이 풍요롭고 아름다웠다고…

행복의 거리

자연의 마지막 열매는 행복이라지만
너무 가까이 죽기 살기로 매달리지 마셔요.
그럴수록 행복은 당신을 멀리합니다.
행복은 너무 가까워도 멀어도 아니 되는
적적한 제 거리 갖는 속성을 가졌다지요
자연 풍광이 멀리서 보아야 더 아름답듯이
행복도 저만치 바라볼 때 더 아름답습니다
그 속에는 아픔과 눈물이 함께 한 고통이
가까이 다가가서 보면 상처들이 많은데
행복은 그 속에 자리를 함께 하고 앉아 있지요
숱한 잎들 속에서 꽃과 열매들이 피고 맺듯이

어머니의 강

강나루에 홀로 앉아 강물을 바라보고 있으면
내 심장까지 철썩이는 어머니의 푸른 물너울

빨래터에 조약돌들을 치대며 찰싹찰싹
삿된 물때들을 씻어주던 저 하얀 물결 소리

저 흰 물결의 통통 부은 발등이 없었다면
물너울 맴도는 아린 합수머리에
그 빨간 손가락이 진달래꽃처럼 붉었으랴

굽이굽이 쓰러지면 일으켜 세워 손잡고
막히면 돌아들어 부둥켜안아 주던 물결들

어머니의 강에 저 하얀 갈매기의 춤사위들
참 아름다워라. 흰 무명 저고리의 날개깃이

괴테는 「파우스트」란
서사시를 60년 만에 완성했고,
조지훈은 「승무」란 18행의
짧은 시 한 편을 2년 동안 썼다.

5/부

사랑한다는 것은

난해한 XY의 함수관계를 풀어 가는 일

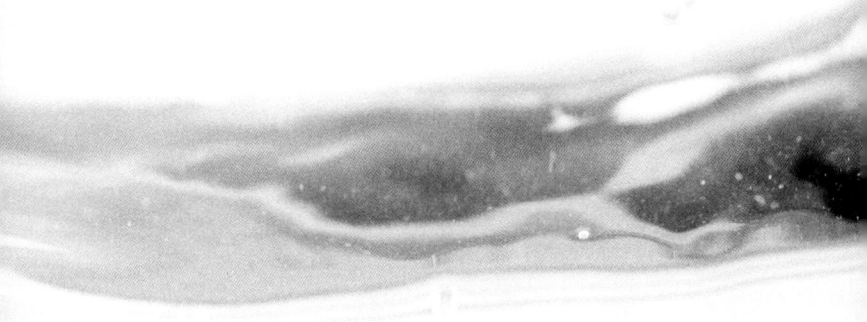

만다라 시를 아시나요

칠천 년 만에 한 번 핀다는 만다라꽃
보는 것 말하는 것만으로도
행운이 절로 찾아온다는 그 꽃 만다라!
만년설 남극 빙하에서 수천 년 만에 피어
선녀가 신에게 공양 올린다는 그 꽃
억겁에도 속됨에 물들지 않고
암송하는 것 읊고 듣는 것만으로도
행복의 미소가 절로 핀다는 그 만다라 시!
칠천 년 만에 향기롭고 청초하게 피는
아! 만다라 시 한 편을 쓸 수만 있다면…

사랑의 함수관계

꽃 피는 꽃잎에도 함수관계는 있기 마련
열매부터 찾으려는 셈법은 하지 말게나
계산에 해답을 쉽게 풀어내면 재미가 없는 일
사랑한다는 것은
난해한 XY의 함수관계를 풀어 가는 일
마음결 쫓아 찾는 사랑의 값은 다른 것을
연륜의 숫자에도 사랑의 향기는 스며 배는 것
아름답게 핀 저 들꽃들의 향내처럼
사랑의 함수관계는 XY 따라 또 다른 향기들

바다는 파도 춤을 춘다

바닷바람을 따라 심해를 항해해 와
놀빛 부두에 수평선을 하역하는 화물선들

또다시 출항 길에 분주한 뱃고동 소리
파도의 등살을 예감한 듯 팔락이는 깃발들

파도의 등살을 타지 않는 화물선이 있으랴
파도가 없는 바다의 항해 길이 어디 있으랴

바람에 넘실거리는 저 아름다운 바다 물결들
삶의 화물선은 온종일 파도 춤을 춘다

모래시계

사우나실에 모래시계가 알몸을 응시한다
물구나무서기로 세워 놓으면 시간을 만든다
모래알들이 좁은 길목을 비집고 쏟아져 내리면
온몸에 땀방울이 초침을 따라 흘러내린다
이것이 삶이다 이게 인생의 시간이다

모래시계를 뒤집으면 시간은 또다시 시작된다
호흡이 가빠오면 땀은 흘러 시간을 만들고
그가 없는 사우나실에는 시간의 그림자가 없다
모래시계는 유한적 시간 속에서 모래알을 쌓는다
이것이 삶이다. 이게 인생의 시간이다

불나방 인생
- L 작가의 추모식장에서

L 작가여! 홀연 사별이라니 불나방 같은 인생아!
불빛 쫓아 죽살이치며[1] 허겁지겁 날아
샛별 빛에 나서 달빛에 집을 찾아 오가며
이 악물고 악착스럽게 불나방 춤을 뜨겁게 추더니
하이얀 연기에 날개깃 가뭇없이 불살라버린
그 비상의 날개깃이 그만 여기서 멈췄구려
오호애재로다. 오호통재로다. 슬픈 시인이여!
산다는 것은 한때 뜨겁게 춤추는 불나방 춤인 것을
그대 죽살이 추어온 불꽃 시혼(詩魂)의 춤사위는
뜨거웠노라 아름다웠노라 참 훌륭했노라
사랑하는 L 시인이여, 그대가 추어온 불나방 춤은
아! 멋진 예술가로 그대는 인생 큰 춤꾼이었네라
불멸의 시인으로 영광 누리소서, 편히 영면하소서!

---

1) 죽살이 : 죽음과 삶
   죽살이치다 : 죽을 힘을 다해 애쓰다

우리의 봄날은 오리라 · 2

백설이 휘날리는 언덕에 찬바람이 넘어가면
봄바람은 새 꽃잎을 피워내리라
우리의 삶에 한여름의 뙤약볕이 쏟아지고
머루와 밤송이 익는 가을걷이 고개를 넘어
살얼음 위에 백설이 찾아와 쌓여
뿌리까지 오들오들 떨지언정 새봄을 기다리자
겨울을 건너뛰고 오는 봄날이 어디 있으랴
새 꽃잎들이 부활할 우리의 봄은 다시 오리라
이 기다림이 옳았다는 그날이 올 때까지
봄꽃들이 활짝 필 날을 믿고 봄날을 기다리자

901병동의 형광등
- S병원 암병동 병상에서

S병원 암 병동 901호 병상에
낮과 밤 눈부시게 산산이 부서지는 형광등 불빛
허공에 흐늘대며 곤두박질치는 폭포마냥
천 길 낭떠러지에 매달려 떨어지지 않으려
아찔한 곡예로 마음결 흩뿌려 날리는
화답이 없는 메아리의 끝없는 깊은 함묵에
독한 듯 강한 아우성이 한두 번 나를 죽였던가
강바닥 아프게 훑어 가슴결 이랑이랑 비운
창백한 불빛만이 내 영혼을 달래는 병상에서
새 빛을 쫓아 밤낮 쓰는 하얀 불빛의 기도문

순수시를 위하여

시가 되지 않아 온밤 지새우는 형광등은
왜 별빛처럼 반짝이는 시를 쓰지 못할까

시가 제대로 써지지 않는 어느 날 나는
밤새 별들을 헤아리곤 깨단했다. 그 까닭을

우러러봐 한 점 부끄럼 없는 맑은 밤하늘에
구름을 다 걷고서야 반짝이는 별빛들임을

오늘도 밤하늘에 저 무수한 별빛들은
맑은 순수시를 밤새도록 읊조리며 반짝인다

모소대나무

저 모소대나무[1]가 키우는 꿈을 아십니까?
4년 동안은 뿌리만 키우고 꿈쩍도 하지 않다가
5년째 되는 어느 한 해에
하늘에 닿을 듯 치솟는 그 대나무 꿈 자람을
흙에 뿌리를 완전히 내려 그제야 하늘 향해 솟듯
너무 조급하게 서둘지 마셔요
너무 빨리 포기하지도 마셔요
때가 되면 꿈은 언젠가 높이 피어오릅니다.
당신의 꿈이 화려하게 치솟아 오를 그날이
성큼 찾아올 때까지 절대로 꿈을 놓지 마셔요
저 모소대나무가 키워나가는 꿈처럼

---

1) 모소대나무 : 옛날 중국 동부지방에서 전해오는 이야기다. 이 대나무는 밭에서 4년 동안 자라지 않다가 5년째 되는 한에 하늘에 닿을 듯 치솟아 오른다고 한다. 먼저 순을 내기 전에 땅에 뿌리부터 충분히 뻗어 내려놓고 5년째 되는 한 해에 왕성하게 자라 대나무 숲을 이룬다고 한다

정자나무가 쓴 서정시

정자나무 닮은 서정시 한 편을 쓰질 못했다
고향마을 어귀에 수백 년 뿌리를 더하고 앉아
땡볕에 제 깜냥만큼 그늘 자락을 드리워
올망졸망 이웃들 앉혀놓고
오손도손 이야깃주머니를 편히 풀어놓게
밑동에서 우듬지까지 서정시를 읊조리며
때로는 새들에게 대가 없이 둥지를 내어주고
마음결 붉히며 주고받는 연인들의 이야기들
눈발 흩날리는 나목의 고독을 즐기면서
고향 찾아오는 이를 어머니 품인 양 반기는
저 정자나무 닮은 서정시인이 되고 싶으라

복사꽃이 아름다운 까닭은

진정 복사꽃을 아름답다고 하는 까닭은
꽃잎들이 함께 활짝 피는 봄만도 아니다

복사꽃을 무릉도원이라 노래하는 까닭은
하얀 꽃잎들이 별천지 같아서만도 아니다

그를 아름답다고 예찬하는 까닭은
복스러운 복숭아들을 주렁주렁 매달아서도 아니다

참으로 복사꽃 과목을 예찬하는 까닭은
계절마다 춤추어온 그의 춤사위 때문이외다

세상에서 가장 슬픈 바다

바닷가 백사장을 거닐며 이런 생각들을 밟는다
저 하얀 물결이 어떻게 파도 꽃을 피우는가
해풍에 알몸 결결 철썩이다가
때로는 바위에 부딪혀 성난 듯 물보라를 뿜다가
바닷가 살얼음으로 아프게 찰싹이며
밤낮으로, 가슴앓이로 물결 출렁이기도 하고
세찬 바람에 하얀 물거품 꽃을 피우는 파도들
아! 가장 아프고 슬픈 인생의 바다는
아무런 파도꽃도 피워내지 않는 바다가 아닌가!

돌주먹

정원에 감나무 한 그루 가지가
'뚝'
태풍이 부러뜨린 일이 있었다

감나무는 수십 년 키를 넘기고도
'아직도'
고 돌주먹 무늬를 꽉 쥐고 섰다

월광 소나타

하이얀 달빛 보듬고 긴 밤을 지새운 붓방아질
귀뚜라미도 지쳐 노래 그칠 때까지
한 편의 시도 완성하지 못한 고뇌의 시간

창문을 활짝 열자 쏟아지는 달빛 언어들
옛날 새하얀 칼라 속 환한 소녀의 미소가
시밭을 찾아와 시어들을 파종하기 시작했다

꽃과 나비가 은밀히 주고받는 밀어들마냥
샛별들은 반짝였고 유성빛의 현란한 춤사위가
참 사랑의 월광 소나타임을 비로서 깨단했다

6/부

따스한 봄 햇살

꽃봉오리의 수줍은 그 미소

지금도 그 추억의 영상을

차마 지울 수가 없습니다.

회한이여! 다시 한 번

내가 이곳에 발걸음을 멈춘 연유는
차마 지난날이 자꾸 밟히기 때문입니다

내가 이곳에 마음 머무르고 싶은 까닭은
여기 지워지지 않은 어룽이 자리했기 때문입니다

뫼가 깊으면 골짜기가 깊기 마련
영원히 마르지 않는 심연에 회한이 있습니다

이 마음 자락 쉬이 걷어 떠나지 못하는 이유는
가슴속에 골골 골짜기가 너무 깊어
연민의 샘물이 끝없이 흘러내리기 때문입니다

봄의 향연

푸성귀 몇 잎의 풋내로 봄 식탁이 풋풋하랴
산천 들녘이 어우어진 곳에
냉이 달래 두릅 씀바귀 취나물 돌나물…
골고루 풋나물들이 자리해야 봄향을 알지

우리의 식단에 단맛만으로
어찌 인생 봄의 맛과 향을 다 안다고 하랴
신맛 짠맛 단맛 쓴맛도 맛보아야
식단의 야성을 제대로 알지
맵고 떫은 맛 모르고 삶의 향연을 안다고 하랴

파도야!
– 그대의 끝자락은 어디쯤인가

파도 없는 심해(深海)가 어디 있으랴
저 수평선 물결의 시작점은 어디쯤인가

저리 넓은 푸른 가슴을 펼쳐 안고도
더 넓은 바다를 향해 아우성치는 저 풍랑은
지금 어디서 와 어디쯤 가고 있는가

맨살을 비비적댄 바닷가 조약돌들마냥
파도 등살을 타지 않는 삶이 어디 있으랴

바다에 출렁이는 저 심해선(深海線)의 물결들
파도야! 그대 마음결의 끝자락은 어디쯤인가

세상에서 제일 아름다운 명화

세상에서 가장 귀하고 아름다운 명화는
그대가 제일 아끼는 하나뿐인 그림일 테지

당신이 그리고 싶었던 아름다운 화폭도
가장 사랑하는 제 색깔들로 그린 그림일 테지

붉은빛 노란빛 파란빛 분홍빛의 삶들
그 빛깔들을 섞어 덧칠한 화려한 유채(油菜)

아! 이 세상에서 제일 사랑하는 명화(名畵)는
당신이 애지중지 그려온 사랑의 화폭일 테지

수평선

어느 날 당신의 푸른 수평선을 만났을 때
닻을 올려 함께 항해하고픈 마음 벅찼습니다

출렁이는 뱃전에 하이얀 물결을 가르며
거친 파도가 출렁일 것이란 예상은 했습니다

막상 내 영혼을 혼돈케 하는 바다 물결들
감당키 어려운 풍랑에 멀미가 꽤 심했습니다

그러나 계절풍이 불어오가는 뱃길에
우리 함께 했기에 행복하게 항해한 바닷길

물안개 속 그 추억의 뱃길들이 그리워
지금은 노을빛 수평선을 오래토록 바라봅니다

목련꽃을 처음 보았을 때

봄날 언덕에 핀 목련꽃을 처음 보았을 때
하이얀 꽃잎의 살결에 설렘을 잊을 수가 없습니다

따스한 봄 햇살 꽃봉오리의 수줍은 그 미소
지금도 그 추억의 영상을 차마 지울 수가 없습니다

봄바람에 흩날리는 꽃잎의 황홀한 춤사위는
아프도록 그리운 추억입니다

지금은 그 설레는 당신의 하이얀 목련꽃잎이
아리도록 그리워 때때로 긴 밤을 즐겨 지새웁니다

천 년 비자목(榧子木) 앞에서

여객(旅客)이 제주도 여행길에 비자목 공원 찾았다
천 년을 묵도하는 비자목 앞에 멈추어 섰을 때

화산암에 제 뿌리들을 심어놓고도 느긋한 세월
그 푸른 빛 잎의 천 년 삶이 신비스러워라

가뭄과 홍수와 태풍과 전화(戰禍)에도
천 년을 묵묵히 한자리 말없이 지켜온 비자목

고작 한 백 년 인생 삶의 뒤안길에서도
곡소리 나게 아웅다웅 티격태격 다퉈온 시간들

아! 천 년을 한자리에서 읊조려온 그 곡조
비자목의 푸른빛 노래가 알롱달롱 느꺼워라[1]

* 시작 노트 : 제주도 구좌동 평대리에 침엽이 좌우 비(非)자 모양을 한 천년의 비자목들, 7,8백 년에서 천 년 남짓 된 2,800그루가 숲을 이루어 섰다. 세계 최대 비자목기념물로 제374호로 지정되어 비자목 공원을 형성하고 앉았다. 천 년 세월이 마냥 느긋하다.

---

1) 느껍다 : 어떤 느낌이 마음에 북받쳐서 벅차다.

조선 짚신을 바라보면서

박물관 후미진 자리에 놓인 짚신 한 켤레
지난날 조선의 방정식을 풀고 앉은 걸음나비[1]

지금은 헐잡아 서러운 끈들을 달래는 형광등
걷고 뛴 보폭에 실실이 근육들이 풀려
아픈 역사에 한 자락으로 남은 걸음짐작[2]들

조선의 논길 밭길 고샅길 산길들을 마다않고
어지럽게 밟고 뛰고 휘달려온 발걸음들
걸음마다 헐떡여 온 백의(白衣)의 숨결에
어찌 쉬운 역사의 방정식만 묶고 풀었으랴

걸음걸음 지울 수 없는 조선 역사의 발자취들
이제야 찾아온 여객들의 발걸음을 잡고
조선의 걸음새에[3] 방정식 답을 일러주는 짚신

---

1) 걸음나비 : 걸음의 발자국과 발자국 사이의 거리(보폭)
2) 걸음짐작 : 걸음으로 거리를 헤아림
3) 걸음새 : 걸음을 걷는 모양새

돌무덤

오대 독자 외아들 K 소방관이
불난 건물에 뛰어 들어갔다가 영영 돌아오지 못해
아비 가슴에 돌무덤 하나 묻었다

우등상을 받았다며 토끼처럼 뛰어와 품 안에 폭 안기던
초등학교 귀여운 그 토끼가
119 소방공무원 시험에 합격했다고 소리치며 환하게 웃던
그 청년이 태극기를 감싸안고 소방청을 떠났다

온밤 돌무덤이 무거워 잠 못 이룬 나날들
봄 여름 지나 가을 겨울 낙엽 모으듯 보훈연금 쌓은 무궁화 통장에
차 한 잔 값까지 억척스럽게 모아 돌무덤을 허물어온 나날들

어느 날 보훈 장학금으로 써 달라며…
5억 원을 들고 소방청을 찾아간 아버지

오늘 밤은 잠을 좀 잘 수 있겠다.

*시작노트 : 소방공무원 외아들의 죽음을 헛되이 할 수 없다는 한 아버지가, 보훈장학금 5억을 마련 소방청을 찾았다는 기사다. 그 애틋한 가슴을 어찌 다 헤아리리오. 삼가 조의와 경의를 표하며 이 시를 바친다.

누굴 위해 학익진을 익혔을까

광화문 광장에 이순신 장군 동상 위로
기러기 떼 하얀 달빛에 하늘길 비상한다
저들은 저 학익진을 어떻게 익혔을까

하늘길 기류를 따라 비상하는 저 병법은
임진왜란 때에 충무공이 왜구를 물리칠 때
흩어진 민초들을 모아 쓴 그 전법이 아닌가

한산섬 수루 휘영청 달빛에 기러기 떼처럼
거북선을 휘몰아 함께 노 저어 포화를 날리며
피눈물 함성으로 왜군에 돌진하던 그 전술을

좌우 놀들이 하나로 비상하는 저 학익진을
기러기들은 언제 어디서 누굴 위해 익혔을고

누가 그토록 외롭게 했는가

1

아파트 105동 앞에 119 구급차가 요란하다
웅성거리며 쑥덕공론인 주민들
"101호 K 교수 할아버지가 고독사했데."
근 열흘이 넘었다는 추정인데
문 앞의 택배가 쌓여 경비원이 의문을 제기했다나

2

아들딸이 공부 잘해 유학하러 갔다고 자랑하며
다들 미국서 잘 살고 있다더니
아내 떠나보내고 홀로 살고부터는 입을 다물었고
그 후 언제나 홀아비 냄새가 풍겼다

3

어린이 놀이터에서 아이들을 멍하니 바라보면서
손주들과 밥 한 끼 먹기를 그리 소망하며
제 손자 손녀인 양 웃고 이따금 눈물 훔치적 대다가
가끔 포장마차에서 소주병이 쓸쓸히 울먹였다

4
혈혈단신 설날이 더 외롭고 힘들다며 망향정을 찾아
북녘땅 오가는 기러기 날개깃을 부러워하다가
끝내 소망을 뒤로 한 채 홀로 떠났는데
부고에 코로나로 올 수 없다는 연락이 왔다네

5
장례식장에 낯선 얼굴들이 상주마냥 오가다가
장례차가 휘 아파트를 돌아 쓸쓸히 떠난 후
분리수거 차가 오가더니, 아파트 복도는 조용했고
봄날 아파트 화단은 모란꽃 피어 옛날 같이 화사했다

*시작 노트 : 2023년도 한 해 동안 고독사 한 사람이 3천 3백여 명이라는 기사다. 우리 사회의 급격한 변모의 일면을 엿보여준다. 산다는 게 무엇인가? 노기 노교수의 삶을 그토록 외롭게 했는가? 시는 묻고 있다.

당신을 위한 장미꽃
- 공원 하나 일궈 놓았습니다

당신을 위한 예쁜 장미꽃 공원 하나 일궈 놓았습니다. 새삼 장미꽃잎이 붉은 연유를 묻지 마세요. 당신 가슴 뜨겁게 불태워온 꽃잎들이랍니다. 들머리엔 덩굴장미 아치형 터널을 만들었습니다. 새벽의 여신 에오스처럼 붉은 꽃길을 천천히 걸어 들면, 활짝 핀 꽃잎들이 원색으로 환영할 것입니다. 왜, 가시가 많으냐고요. 오직 당신을 향한 붉은 꽃잎들을 굳게 지키기 위해서입니다. 꽃밭 옆 정자 앞 연못에는 사랑의 선율이 하얀 물보라를 뿜는 분수대도 마련했습니다. 연분홍빛 곡조가 흐르는 벤치에 앉아 못 다한 지난날의 서러운 얘기를 분수처럼 노래해도 좋습니다. 이제 장미꽃은 기다림과 그리움에 익숙합니다. 그 기다림이 그리움이고 사랑임을 잘 압니다. 행여 찬 이슬이 내려도 에오스의 장미밭은 새 봄날을 기다릴 것입니다. 그때는 더 붉은 새 장미꽃잎들을 활짝 피워놓고 당신을 맞이하렵니다.
당신의 마음결 영원토록 붉게 할 예쁜 장미꽃 공원이길 소망합니다.

오리와 포크레인

포크레인의 굉음이 귓바퀴를 찢는 하천 풀숲에 어미 청둥오리 한 마리가 알들을 품고 버틴다. 여기는 조상 대대로 살아온 제 터전이라는 듯 눈깔 부라린다. 포크레인 기사는 빨간 테이프를 두른다. 굉음과 삽질에도 아랑곳 않고 죽살이 제 자리 지킨다. 어느 하늘 맑은 날 부화된 열두 마리 새끼가 어미를 따라 일렬종대로 뒤뚱 걸음마로 도로를 건너간다. 포크레인이 멈추고 차들도 하나둘 꼬리를 물고 섰다. 꽥~꽥~ 어미 선창에 일렬로 노란 주둥이들이 꽥~꽥~ 합창하며 냇가로 뛰어든다. 차들이 천천히 출발하자 기사는 빨간 테이프를 걷는다. 포클레인 굉음이 청둥오리의 둥지를 밀자, 깃털들이 바람에 흩날린다. "철거 반대", "철거 반대" 길가엔 철거민들이 피켓을 들고 목 터져라 아우성친다. 햇살이 화살처럼 달려드는 정오 사이렌 소리가 따갑다.

파밭 타령

세상 사람들이여! 농부 박 씨 파밭 타령 한 번 들어보소. 박 씨 도드리장단[1]에 사설을 늘어놓는데, 허구한 날 제 도낏자루 썩는 줄 모르고 동인·서인, 남인·북인, 노론·소론으로 파당 지어 싸움질했것다. 하나 될 궁리를 못하다가 나라 잃고 이름 확 바뀐 뒤에도 진보·보수 딱 둘로 갈라쳐 좌·우로 파당지었것다. 소갈머리 없는 겉똑이들이 제 본향들을 망각하고 등살을 타고 추임새를 넣는데, 참 가관일세그려. 얼쑤! 노동계도, 교육계도, 언론계도, 종교계, 문화예술계도 좌파·우파, 한 수 더 얹어 판사 검사도 헌법재판소도 대법원도 좌파 · 우파…. 어휴, 파밭이 똥인지 된장인지 분간하기 어렵도록 되었것다. 오늘도 끼리끼리 파당지어 제 놀이마당 넓히기에 분주하다. 얼쑤! 그리하여 힘 잃은 농부 박 씨 등살만 터졌것다. 성난 박 씨 똥장군 업고 파밭 찾아가 골골 바가지로 퍼 흩뿌리며 왈, 퉤~ 퉤~ 퉤~. 이 무슨 잡것들 짓인고? 왜 다들 파밭 타령이냐고. 그래서 팟값이 똥값이 되게 했느냐며 울화다. 얼쑤! 자고로 파당이 심하면 뿌

---

1) 도드리장단 : 국악 장단의 한 가지. 6박 1 장단으로 구성됨. 한 장단을 둘로 치는 리듬과 셋으로 치는 리듬이 있다.

리까지 썩어 파밭 망하는 것 못 보았느냐며 호통일세. 얼쑤! 내년에는, 이 파밭 확 갈아엎어 물 흠뻑 채운 논에 수확이 풍년이라는 통일벼 논농사 지어볼까 어쩔까. 박 씨 머리 싸매고 밤낮 궁리 틀고 앉았것다. 얼쑤! 열을 받은 박 씨 부챗살 확 펴 치켜들고 언제까지 허구한 날 파밭 타령할 건가. 이 겉똑이들아! 정신 차리고 제 본향으로 빨리 돌아가라 호통일세.

얼쑤! 농부 박 씨 굿거리장단 야단났네그려.

저 하늘에 별이 된다면

인생 여정의 서사시 에서 마침표를 찍습니다.
더 듣보잡고자 한들 곤한 육신이 허락하지 않기에, 놀빛에 해 넘어가듯 가벼이 새 행성 찾아 여행길 떠나렵니다. 슬픈 흔적일랑 남기고 싶지 않습니다. 눈물로 발걸음 잡지 마셔요. 만남에는 언젠가 이별이 있기 마련입니다. 미움과 그리운 인연의 괴나리봇짐 벗어두고 놀빛이 서녘 산마루 넘어가듯 가뭇없이 떠나렵니다. 더 사랑할 것을 더 따듯한 정분을 나눌 것을. 아! 놀빛 붉은 회한이 없지 않지만, 내 생에 서사시 에서 갈무리하렵니다. 세상은 참 아름다웠습니다. 과분했습니다. 그간 고맙습니다. 만남의 인연들은 행운이었습니다. 진정 다들 사랑했기에 행복했고 즐거웠습니다.
저 하늘에 별 하나 된다면, 못다 쓴 사랑의 서정시들 밤마다 반짝이며 쓰겠습니다.

| 논단 |

현대시의 난해성에 대한 단상
- 황금알을 다 잃고서야 곳간을 고치려나

박행일

 요즘 현대시는 너무 난해해서 독자들로부터 점차 외면당하고 있다는 평이 중론이다. 혹평하는 이는, 어떤 시는 아리송한 몽유병에 걸린 양 무슨 암호 같다고 빈정거리기도 한다. 아무도 이해하지 못하는 시인 자신만이 아는 소통 불능의 난해한 시가 많다고 주장한다. 독자는 아예 안중에도 없이 자신의 마음에 문을 굳게 닫아놓은 자폐증 환자가 말하는 것 같은 시편들이 흔하다고 비판한다. 이에 일부 시인들은 은근히 시 공부가 아니 된 무지한 독자가 자신의 시를 모르는 것은 당연하다며 오만한 태도를 부리기도 한다.
 엄격히 말하면, 원래 난해한 시란 존재하지 않는다. 그것은 독자의 입장에서 난해한 시지, 시를 쓴 시인 자신의 뜻에서 보면 어려운 난해시가 될 수 없다. 그러나 독자들의 생각은 전혀 다르다. 시의 본질은 공감이라고 주장한다.
 그런데 과거 시는 표현이 단순하고 음률 요소가 가미되

어 낭송하기 쉽고 기억하기도 편했다. 이에 반해 현대시는 서정성이 점차 약해지고 사상성이 강해졌다. 시대가 격변하고 복잡해짐에 따라, 시인의 생각도 복잡 미묘함을 더하여 표현들도 독자가 이해하기 어렵게 개인적 자의식의 흐름에 따라 흘러가는 시가 많아졌다. 즉 정서가 세밀하게 분해되고 주지의 의식 작용이 복잡하게 재조직되어 표현된 형편이다. 그로 쉬운 즉흥적 시흥보다 복잡하게 생각하는 난해한 시로 변화된 셈이다.

물론 현대시의 주 표현인 이미지는 주로 은유와 상징 등으로 직설이 아닌 함축적 언어와 상상력과 비유로 표현한 추상적 그림 같아 어렵다. 더구나 현대시가 생소한 주관적 이미지로 표현되기에 독자들에게는 낯설기 마련이다.

그런데 일부 시는 전문 시 평론가들도 이해하지 못하는 생소한 비유나, 개인적 특유의 이미지 중심 시가 많다. 독자나 시인과 평론가는 시 공부를 더 해야 자신의 시를 이해할 수 있다며, 만용을 부리는 듯한 태도를 보이기도 한다.

또한, 일부 시인과 평론가들까지 덩달아 쉬운 시는 시답지 않다고 동조하는 태도를 보인다. 그래서 현대시는 몇몇 평론가들의 논쟁거리를 위한 난해한 시 옹호판이라는 비아냥거림의 소리를 듣기도 한다. 소위 난해시를 평설해 놓은 평론가들의 평이 시보다 더 난해한 언어들과 고상한 말들을 총동원해 평설함으로 시의 난해성을 부추긴다. 많은 독자와 시인과 평론가들은 이런 생뚱맞은 생각들은 하루속히 버려야 현대시가 산다고 주장한다. 까닭은 예로부터 좋은 명시들은 다 독자들이 쉽게 이해하며 시흥을 즐겨 주고받은 시였음을 잘 알고 있기 때문이다.

비근한 예로, 일본의 시인 시바타 도요 여사는 92세에 처음 시인으로 데뷔하여 98세에 『약해지지 마』란 첫 시집을 출간하여, 일약 160만 부가 팔려 베스트셀러 작가가 되었다. 이로 미루어 독자들이 바라는 시는 지나치게 기교를 부리고 꼭 난해한 비유나 상징으로 써야 할 이유가 없을지도 모른다.

또한 미국의 팝가수 밥 딜런이 노벨 문학상(2016년)을 받았다. 그는 민권(民權), 반전(反戰)을 상징하는 대중 가수다. 많은 문학작가들을 뒤로 하고 그가 새로운 시적 표현을 창출했다는 것이 노벨상 선정 이유다. 혹자는 시보다 더 시적인 문학적 노래가사를 썼다고 했다. 이는 얼마든지 쉽게 써도 독자들과 마음을 함께 하는 좋은 명시가 됨을 말해 주는 셈이다. 그렇다고 모두 이렇게 꼭 쉽게 시를 써야 한다고 주장하고 싶지는 않다. 다만, 시가 지나치게 난해하지 않아도 좋은 명시가 됨을 독자들은 말하고 싶을 뿐이다.

새로운 현대 예술의 길에는 원래 원천적으로 독자들이 볼 때 어느 정도의 난해성이 뒤 따르기 마련이다. 이를 인정하고 이해를 한다. 현대 모더니즘 예술 세계는 대체로 독자에게 생소한 일면이 많아 어렵다. 현대적 흐름에서 문학뿐만 아니라 미술, 음악, 무용 등의 현대 예술이 다 그렇다. 새로운 미지의 세계를 끝없이 추구하고자 하는 모험과 실험성이 강한 편이기 때문이다. 시 역시 원천적으로 표현 기법의 뿌리가 비유와 함축이 중심이다. 그래서 요즘은 비유가 고도화 되어 한 번 읽어 감상하기는 어려운 함축적 특유의 비유들이 많다.

또한, 원관념이 나타나지 않고 보조관념만으로 표현하는 상징도 쉬운 관습적인 것이 아닌 특별한 작가 개인만이 이해하는 낯선 상징이 다반사다. 그래서 시도 다른 예술처럼 제대로 음미하고 감상하는 데는 어느 정도의 현대시에 대한 학습 능력을 길려야 감상할 수 있는 분야임을 이해한다. 그러나 이것도 도를 넘어서면 변명이 궁해지기 마련이다.

지난날 우리 시는 서정과 낭만적인 시였다. 시문학파, 생명파, 청록파 시들이 중심적 역할을 해왔다. 이어 상징시, 주지시, 초현실주의, 모더니즘, 포스트모더니즘 시 등이 주지경향으로 변모되면서 난해시라는 비판을 받기 시작했다.

현대시도 여러 변화가 있어야 한다. 그런데 요즘 주류를 이루는 신주지시, 모더니즘 포스트모더니즘 등의 주지시 계통의 시도 독자들과 가까이 하는 방법은 찾으면 얼마든지 존재할 수 있다. 그런 시들도 꽤 있다. 다만 작가들의 진심 어린 노력과 지혜가 부족하다는 것이 많은 독자들의 견해다.

시인이 자신의 시를 형식과 내용 면에서 다양하게 변화시켜 새롭게 하려고 노력하는 것은 당연하다. 그래서 평가는 훗날에 맡기겠다는 시인도 많다. 그러나 본질적으로 시 문학이 독자들과 시흥을 함께 즐겨야 함을 외면하는 행동에는 동의하기는 어렵다. 어쩌면 독자들이 외면하는 시는 문학 예술로서 본질적 공감대를 점차 잃어가기 마련이다. 또 독자들이 볼 때 자신들을 외면한 시들은 홀로 중얼거리는 넋두리 정도로 보기 쉽다.

8, 90년도 질풍노도처럼 휩쓴 난해시로 알려진 초현실주의와 포스트모더니즘도 이미 시 마당에서 독자들을 잃고 소멸상태에 놓였다. 독자들과 함께 하는 것에 실패하면 시 생명력을 길게 이어갈 수 없음을 보여준 셈이다.

특히, 요즘 서점에 가면 언제부터인가 시 전문코너가 점차 사라지기 시작해 멀지 않아 빈사상태가 도래할 것 같다고 한다. 몇몇 출판사나 서점 대표의 말을 빌리면 독자들이 어려운 난해시를 외면하기에 경영이 어려워 다른 책 코너로 바꾼다고 한다.

시의 생명력은 독자와 서정적 대화가 중심이다. 그래서 요즘은 독자와 친숙한 짧은 서정적 담화시(談話詩) 경향이 강세다. 그러므로 시의 효과는 맑고 깨끗한 정서적 감흥과 생각의 깊이와 섬세함, 자연과 인간에 대한 깊은 성찰에서 오는 새로운 깨달음을 시인과 독자가 서로 주고받는 데 비롯된다고 하겠다.

괴테는 「파우스트」란 서사시를 60년 만에 완성했고, 조지훈은 「승무」란 18행의 짧은 시 한 편을 2년 동안 썼다. 오늘날 시들이 작가의 깊은 애정과 수고로운 고뇌의 숙성 과정을 얼마 동안 거쳤는지 독자들은 의구심을 갖고 묻는다.

시의 난해성은 세계적 추세로 서구에도 마찬가지다. 일찍 「황무지」를 쓴 T, S 엘리어드도 '시의 운명'을 인정 예상하고 되도록 쉽게 시를 쓰자고 역설했다. 엄히 말하면 시의 난해성은 시인과 독자의 공동 책임이다. 그렇다고 독자들을 마냥 탓하고 있을 수만은 없다. 그로 시인들이 앞장서 주도적 역할로 스스로의 반성과 성찰하여 이 문제를 해결해 나가야 할 일이다.

나 역시 이 문제에 예외일 수는 없다. 시인들은 황금알들을 다 잃고 곳간을 고치는 어리석은 길을 걷고 있지는 않는지 돌아볼 일이다. 나는 한국 현대시의 현주소에서 미래를 깊이 염려해 본다. 이 염려가 나의 한낱 기우이길 바랄 뿐이다.

박행일 시인 제4 창작시집

아름다운 사람들

ⓒ 박행일 2025

초판 인쇄 2025년 09월 25일
초판 발행 2025년 10월 15일

지 은 이 : **박행일**

펴 낸 이 : **이자야**
디 자 인 : **오미나**
편   집 : **미담길 편집팀**
펴 낸 곳 : **도서출판 미담길**

등   록 : 2019. 10. 7. 제2019-000058호
주   소 : 서울시 광진구 아차산로61길20, 401호
전   화 : 010-4208-1613
E-mail : midamgil@naver.com

값 15,000원

ISBN 979-11-92507-15-6 (03800)

*도서출판 미담길과 저자의 서면 동의 없는 무단 전재 및 복제를 금합니다.
*잘못된 책은 바꿔 드립니다.